PETITE MÉTHODE

DE

PLAIN-CHANT

pour former promptement et facilement à l'exécution du chant sacré.

par

F. V. G.

de l'Institut des Frères de l'Instruction Chrétienne

• DU PUY. •

LIBRAIRIE CATHOLIQUE
A CLERMONT-F^D

Imp. Cath. Brepfenie à Riom.

PETITE MÉTHODE

DE

PLAIN-CHANT

*pour former promptement et facilement à
l'exécution du chant sacré.*

par

F. V. G.

de l'Institut des Frères de l'Instruction Chrétienne

— DU PUY. —

LIBRAIRIE CATHOLIQUE
A CLERMONT-F?

1858

AVIS.

Cette petite méthode est divisée en trois parties : la première comprend les notions préliminaires, l'étude des intervalles et des exercices de solfége ; la deuxième, l'étude des voix, celle des modes et des exercices de vocalisation, et la troisième, l'étude de la notation moderne.

En la livrant à la publicité, on a voulu, surtout, fournir aux personnes chargées d'enseigner le plain-chant, des exercices gradués pour former promptement les élèves à la lecture des notes sur toutes les clefs usitées dans la notation ancienne, à l'intonation et à la juste exécution du chant sacré.

On y trouvera des exercices d'intonation très-variés, et nécessaires pour former les élèves entièrement étrangers au chant. Ces exercices ont été suivis, durant plusieurs années, par des cours nombreux. Le besoin en a donné l'idée, et l'expérience en a prouvé l'utilité.

C'est aussi en vue de populariser le plain-chant que cette petite méthode est offerte au public ; elle peut être utilement employée dans tous les diocèses, quel que soit le chant adopté.

PETITE MÉTHODE DE PLAIN-CHANT,

Pour former promptement et facilement à l'exécution du chant
sacré.

1ᴱᴿᴱ PARTIE

NOTIONS PRÉLIMINAIRES

ÉTUDE DES INTERVALLES ET EXERCICES DE SOLFÉGE.

Le *Plain-Chant* est l'ensemble des mélodies que l'Eglise catholique emploie pour la célébration de l'office divin.

On l'écrit avec des signes qu'on appelle *notes*.

Il y en a de deux sortes, les carrées ou anciennes, et les modernes.

La notation ancienne est généralement employée. La notation moderne l'est moins, malgré les avantages qu'elle a sur l'ancienne.

NOTATION ANCIENNE.

La notation ancienne s'écrit sur quatre lignes horizontales, parallèles et également espacées. On les appelle *portée*.

PORTÉE.

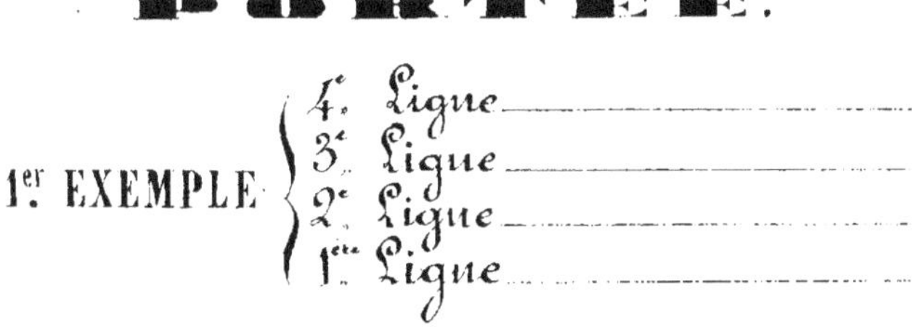

Au commencement de chaque portée on met un signe, nommé *clef*, qui donne son nom à la note placée sur la même ligne.

CLEF DE DO.

2.ᵉ Exemple 

Les notes s'écrivent sur les lignes et entre les lignes de la portée. On les appelle : DO, RE, MI, FA, SOL, LA, SI, suivant la place qu'elles occupent.

On règle la valeur des notes du plain-chant par un mouvement régulier que l'on fait avec la main droite. Il consiste à baisser et à lever la main. C'est ce qu'on appelle battre la mesure.

Toutes les notes dont la forme est pareille à celle du 2ᵉ exemple valent la mesure entière.

Le plain-chant a aussi des repos ; ils s'indiquent par le moyen de lignes verticales placées sur la portée.

3.ᵉ Exemple 

La ligne verticale qui traverse la portée (3ᵉ *exemple*) vaut une mesure.

EXERCICES DE LECTURE.

On appelle ainsi les exercices où l'on dit le nom des notes sans leur donner le ton.

NOMS DES NOTES QUI SONT SUR LES LIGNES.

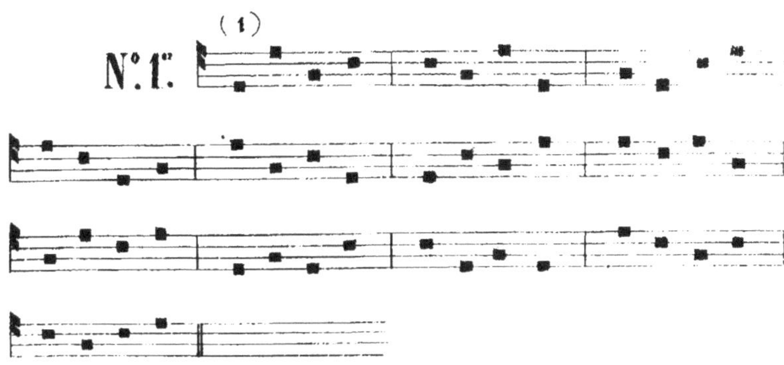

NOMS DES NOTES QUI SONT ENTRE LES LIGNES

(1) Ces exercices sont composés de petits groupes de notes, séparés par des lignes verticales. Un élève dira seul le nom des notes qui forment un groupe, et tous les élèves répèteront le même groupe aussitôt après.

On exécutera de même le n° 2 et le n° 3.

La mesure est de rigueur lorsqu'on est plusieurs pour chanter, afin d'éviter le désordre et la confusion ; elle est facultative lorsqu'une personne chante seule.

EXERCICES DE RÉCAPITULATION.

DE LA GAMME.

La gamme se compose de sept degrés. Elle s'appelle aussi *échelle diatonique*.

Le premier, le deuxième, le quatrième, le cinquième et le sixième degré de la gamme (*n*° 5) sont égaux entre eux ils ont un *ton*.

Le troisième et le septième sont moindres, ils ont un *demi-ton*.

On monte la gamme en haussant la voix degré par degré ; on la descend en baissant la voix degré par degré.

EXERCICES DE SOLFÉGE.

Solfier c'est dire le nom des notes en leur donnant le ton qui leur convient.

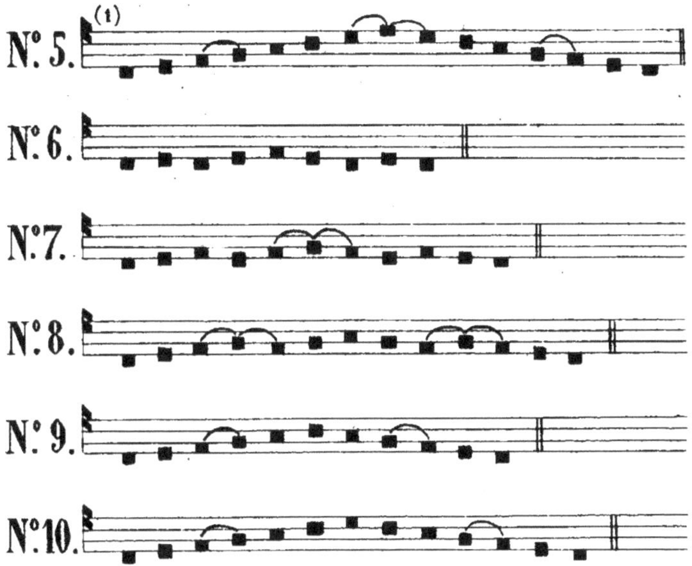

La première note de la gamme s'appelle *tonique*, la deuxième, *sus-tonique*, la troisième, *médiante*, la quatrième, *sous-dominante*, la cinquième, *dominante*, la sixième, *sus-dominante*, et la septième, *sensible*.

La note tonique donne son nom à la gamme. Ainsi, la gamme (n° 5) s'appelle gamme de *Do*, de sa tonique do.

Chacune des notes de la gamme peut devenir tonique. Chaque nouvelle gamme se composerait de sept degrés, comme la précédente, avec la différence que les demi-tons seraient déplacés.

(1) Faites observer scrupuleusement les tons et les demi-tons; ces derniers sont marqués par un arc (⌒) pour attirer l'attention des élèves

DES INTERVALLES.

On appelle intervalle, l'espace compris entre deux notes.

Il y en a de deux sortes, les *conjoints* et les *disjoints*.

Les intervalles conjoints sont ceux où l'on ne compte qu'un degré.

Les intervalles disjoints sont ceux où il y a absence d'une ou de plusieurs notes.

INTERVALLES CONJOINTS.

INTERVALLES DISJOINTS.

Les intervalles s'appellent aussi intervalles *de seconde, de tierce, de quarte, de quinte, de seite, de septième et d'octave.*

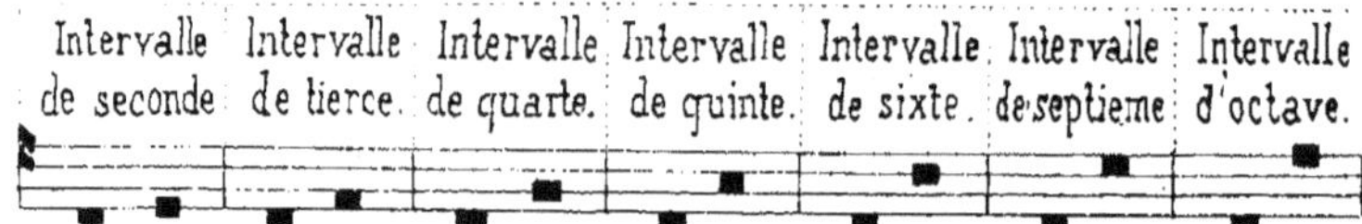

Les intervalles de seconde, de tierce, de quarte et de quinte sont seuls usités dans le plain-chant.

INTERVALLES DE SECONDE.

Les intervalles de seconde sont *majeurs* ou *mineurs*.

Les majeurs sont ceux qui ont un ton, les mineurs sont ceux qui n'ont qu'un demi-ton.

Tous les intervalles de seconde, majeurs ou mineurs, sont usités.

INTERVALLES DE SECONDE MAJEURE.

INTERVALLES DE SECONDE MINEURE.

EXERCICES DE SOLFÉGE.

(1)

N.º 11.

N.º 12.

N.º 13.

(1) Ce numéro et les suivants doivent s'exécuter de la meme manière que les exercices de lecture.

INTERVALLES DE TIERCE.

Les intervalles de tierce sont majeurs ou mineurs.

Les majeurs sont ceux qui ont deux tons; les mineurs sont ceux qui ont un ton et demi.
Ils sont tous usités.

INTERVALLES DE TIERCE MAJEURE.

INTERVALLES DE TIERCE MINEURE.

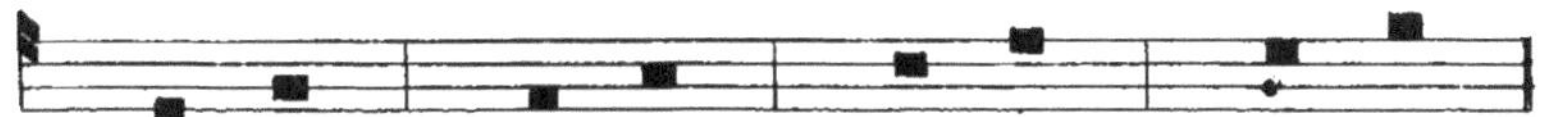

EXERCICES DE SOLFÉGE.

N.º 17.

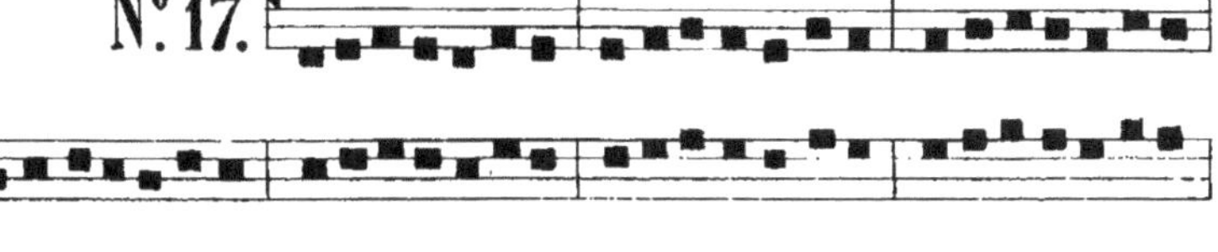

N.º 18.

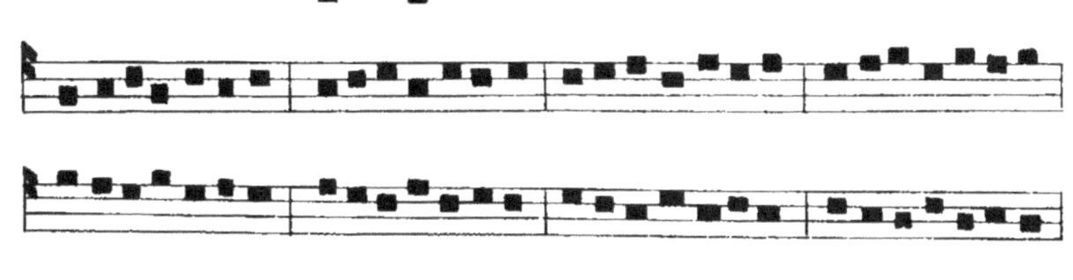

N.º 19.

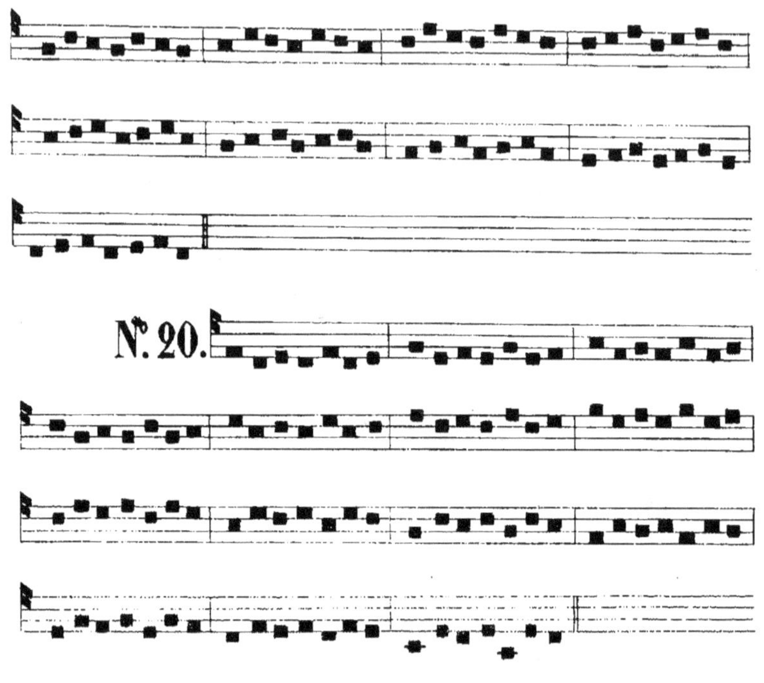

DES INTERVALLES DE QUARTE.

L'intervalle *fa-si* n'est pas usité dans le plain-chant.
Les autres intervalles de quarte sont généralement appelés intervalles de *quarte juste.*

INTERVALLES DE QUARTE JUSTE.

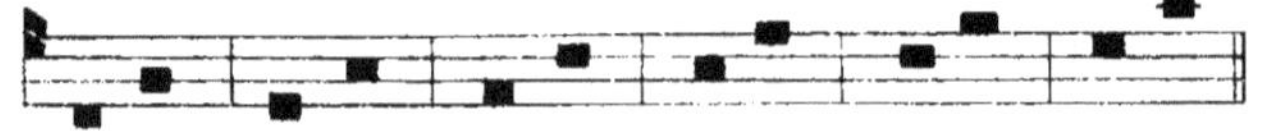

EXERCICES DE SOLFÉGE.

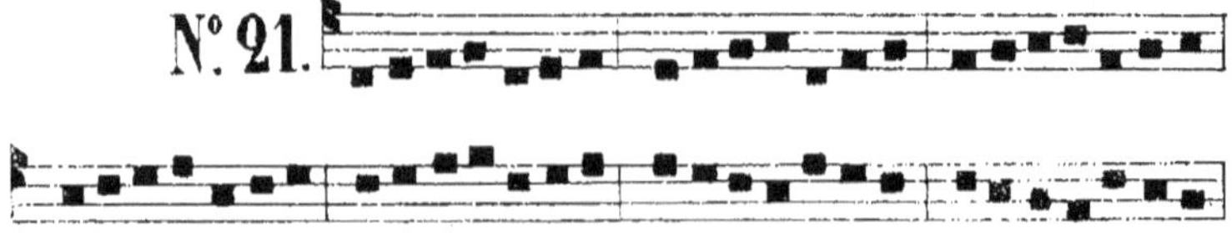

DU BÉMOL ET DU BÉCARRE.

Le bémol (♭) est un signe qui indique de baisser la note qu'il précède d'un demi-ton.

Il se met généralement devant le si on le trouve quelquefois mais rarement, devant le mi.

Le bécarre (♮) est un signe qui indique de ne plus rendre effet du bémol.

EXERCICES DE SOLFÉGE.

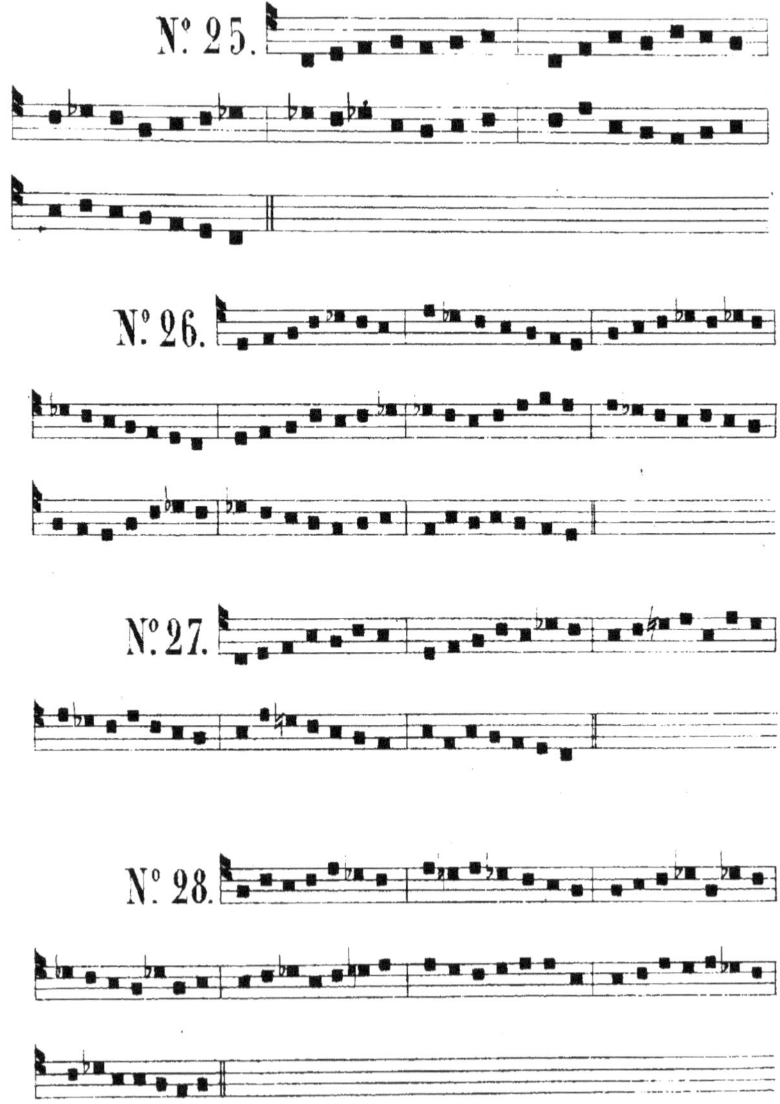

INTERVALLES DE QUINTE.

Les intervalles de quinte , usités dans le plain-chant, s'appellent intervalles de *quinte juste*.

INTERVALLES DE QUINTE JUSTE USITÉS.

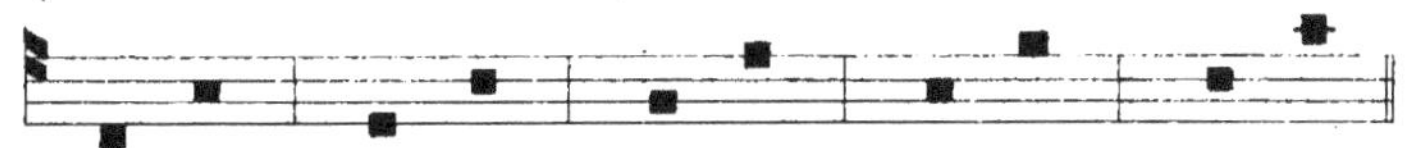

EXERCICES DE SOLFÉGE.

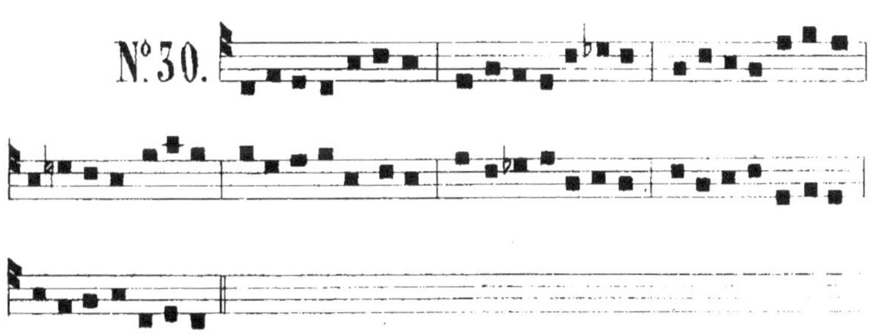

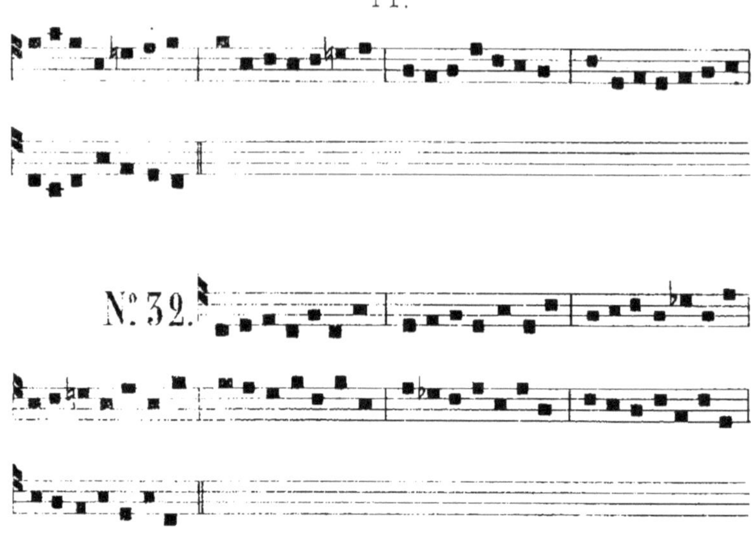

N.º 32.

CLEFS USITÉES.

La première s'appelle *première clef de do ;* la deuxième, *deuxième clef de do ;* et la troisième, *clef de fa.*

On trouve quelquefois, dans certains livres de plain-chant, une troisième clef de do sur la deuxième ligne. Afin de diminuer l'étude des clefs, on substituera la première clef de *do* à cette troisième clef. On fera constamment le si bémol.

DEUXIEME CLEF DE DO.

Exercices de lecture.

Noms des notes qui sont sur les lignes.

EXERCICES DE RECAPITULATION.

EXERCICES DE SOLFÉGE.

CLEF DE FA.

EXERCICES DE LECTURE.

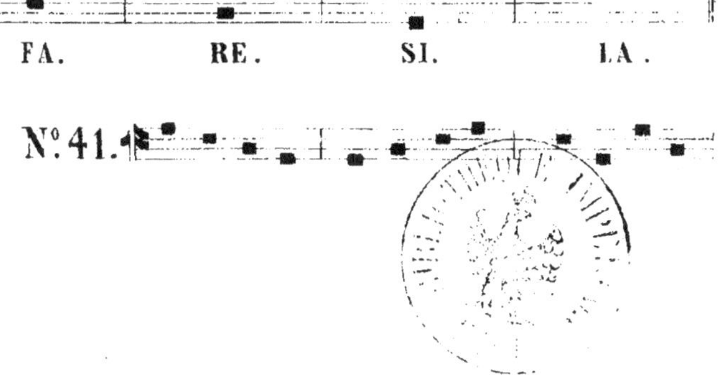

18.

EXERCICES DE SOLFÉGE.

NOTES USITÉES.

Le plain-chant s'écrit avec six notes différentes.

La première s'appelle *double-carrée ;* la deuxième, *double-queutée ;* la troisième, *carrée ;* la quatrième, *queutée ;* la cinquième, *brève ;* et la sixième *petite-brève.*

La *double-carrée* vaut deux mesures ; la *double-queutée,* deux mesures et demie; la *carrée,* une mesure ; la *queutée,* trois-quarts de mesure ; la *brève* (1), une demi-mesure ; et la *petite-brève,* un quart de mesure.

Ces valeurs sont celles adoptées dans le chant grégorien préparé par le révérend père Lambillotte.

Généralement, la valeur des *queutées* diffère dans le chant de divers rites en usage ; on leur donne une mesure de plus, ou une valeur à peu près équivalente.

La petite-brève s'emploie après la queutée lorsqu'elle **appartient** à la même syllabe que celle-ci. Elle s'exécute avec **légèreté** et sans coup de gosier.

SIGNES DE REPOS.

Il y a trois signes de repos; ils s'indiquent tous par des lignes verticales.

(1) La brève, placée après la queutée, ne vaut qu'un quart de temps.

La première indique un repos d'une mesure et demie. Pour bien régler la durée de ce repos, on prolonge, d'une demi-mesure, la valeur de la note qui le précède.

La deuxième indique un repos d'une mesure.

La troisième. celui d'une demi-mesure. Cette troisième ligne verticale doit plutôt être considérée comme signe de respiration que comme signe de repos.

Dans la plupart des livres de chant les repos ne sont pas indiqués. Les lignes verticales séparent, presque généralement, les notes de chaque mot. Le chef chantre doit alors régler les repos et les faire observer à des signes convenus.

La réunion de deux lignes verticales indique le changement de chœur.

Deux points placés devant deux lignes verticales indiquent la répétition de ce qui précède.

Exercices de solfége avec les différentes notes usitées.

Nº 50.
Nº 51.
Nº 52.

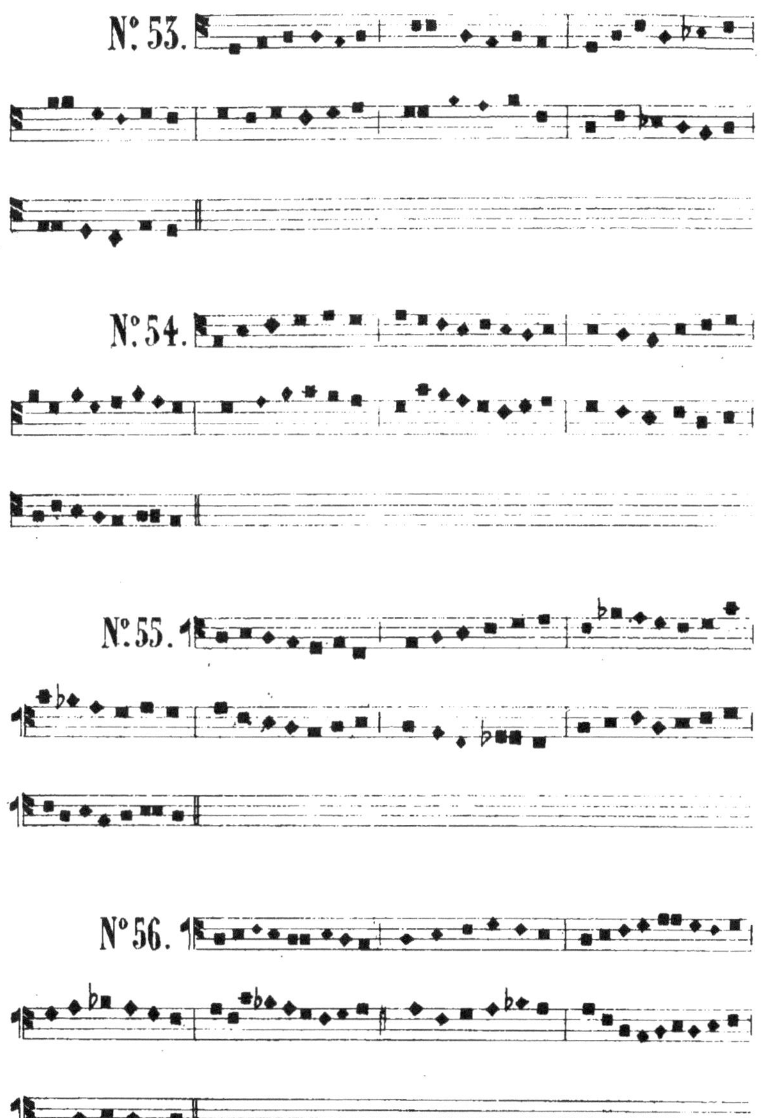

N?: 53.
N?: 54.
N?: 55.
N? 56.

N.º 57.
N.º 58.
N.º 59.
N.º 60.

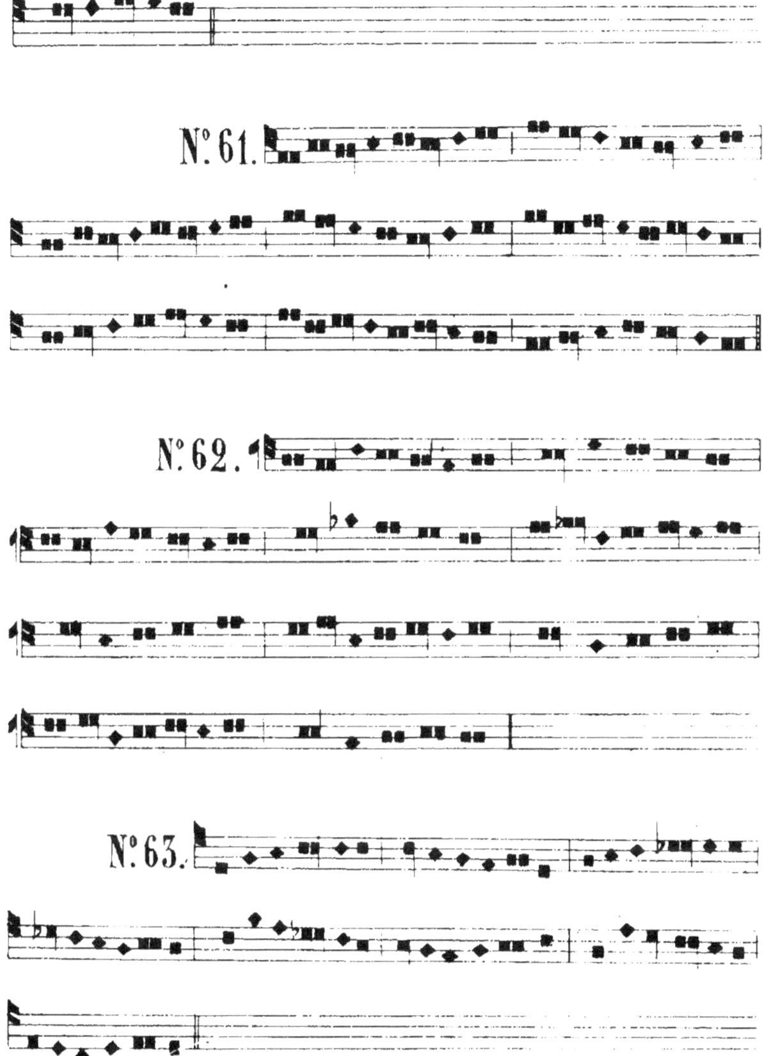

N.º 61.
N.º 62.
N.º 63.

N.° 64.

DU DIÈZE

Le dièze est un signe qui indique de hausser la note qu'il précède d'un demi-ton.

N.º 68.

11ᵉ PARTIE.

VOIX,

VOCALISATION ET ÉTUDE DES MODES.

VOIX.

On distingue deux sortes de voix : les voix d'homme et les voix d'enfant ou de femme.

Les voix d'homme s'appellent aussi voix de *basse*, voix de *bariton* ou voix de *ténor*, suivant qu'elles sont graves ou aiguës.

Les voix d'enfant ou de femme, pour les mêmes motifs, s'appellent voix d'*Alto*, voix de *Mezzo-Soprano* ou voix de *Soprano*.

Les voix d'homme sont, de leur nature, à une octave au-dessous des voix d'enfant ou de femme.

Le plain-chant est fait pour les masses, et le peu d'étendue de ses modes fait qu'il est à la portée de toutes les voix.

Il importe de connaitre tous les modes du plain-chant, afin de régler l'intonation sur l'étendue de sa voix.

Il importe aussi d'en connaitre le caractère, afin que le sentiment guide la voix, et que la voix, à son tour, devienne l'organe du sentiment.

MODES.

On appelle mode la manière d'être d'une gamme.

Il y en a huit dans le plain-chant, qu'on nomme,généralement, *I mode, II mode, III mode, IV mode, V mode, VI mode, VII mode et VIII mode.*

Le premier, le troisième, le quatrième, le sixième et le huitième s'écrivent sur la première clef de do, le deuxième,sur la clef de fa, et le cinquième et le septième,sur la deuxième clef de do.

L'étendue de chaque mode est de neuf degrés, excepté le troisième, le cinquième et le sixième, qui n'en ont que huit.

VOCALISATION.

Vocaliser, c'est donner aux notes le ton qui leur convient en émettant le son A.

Ce genre d'exécution est d'un puissant secours pour préparer au chant.

Les notes surmontées d'un arc se font d'un seul trait de voix.

1.er MODE.

Le premier mode est grave et majestueux. Il exprime parfaitement nos sentiments de joie, de désir et de prière.

Il doit être exécuté avec calme, grâce, légèreté, et dans un mouvement modéré.

Il a pour tonique et pour finale la note *re.*

Solfiez avant de vocaliser, et respirez après chaque note.

N° 69.

Lentement.

Respirez à chaque signe de repos.

N° 70.

N° 71.

(1) Dans la plupart des rites on met le si bémol à la clef au premier, au cinquième et au sixième mode. Alors, le bémol affecte tous les si, à moins qu'un bécarre ne survienne. Le bécarre, comme le bémol et le dièze accidentels, n'affecte que les notes placées au même degré et comprises entre les mêmes repos.

2.ᵉ MODE.

Le deuxième mode est, généralement, plaintif et lugubre.

Il exprime nos sentiments de regret, de douleur et de pénitence.

Il exprime aussi nos sentiments de désir, mais d'une manière plus douce et plus calme que le premier mode.

Il doit être exécuté avec gravité, expression, et dans un mouvement bien modéré.

Il a la note *la* pour tonique, et la note *re* pour finale.

Gamme du deuxième mode et exercice de vocalisation.

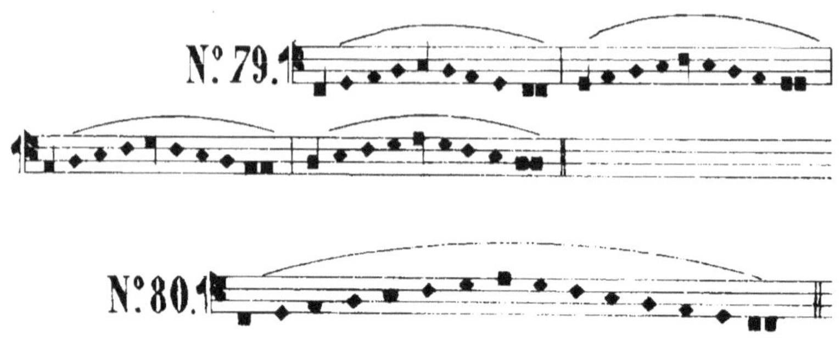

3ème MODE.

Le troisième mode est rigoureux et énergique. Il est propre à exalter les grandes choses, à exprimer les ordres, les menaces et les mouvements vifs, ardents et impétueux.

Il doit être chanté avec âme, résolution, et dans un mouvement animé.

Il a pour tonique et pour finale la note *mi*.

N.° 83.
N.° 84.
N.° 85.
N.° 86.

4.ème MODE .

Le quatrième mode est doux, modeste et plaintif. Il convient à la supplication, au repentir, aux plaintes, aux invitations et aux reproches.

Il doit être exécuté avec beaucoup de douceur, et dans un mouvement modéré.

Il a la note **si** pour tonique et la note **mi** pour finale.

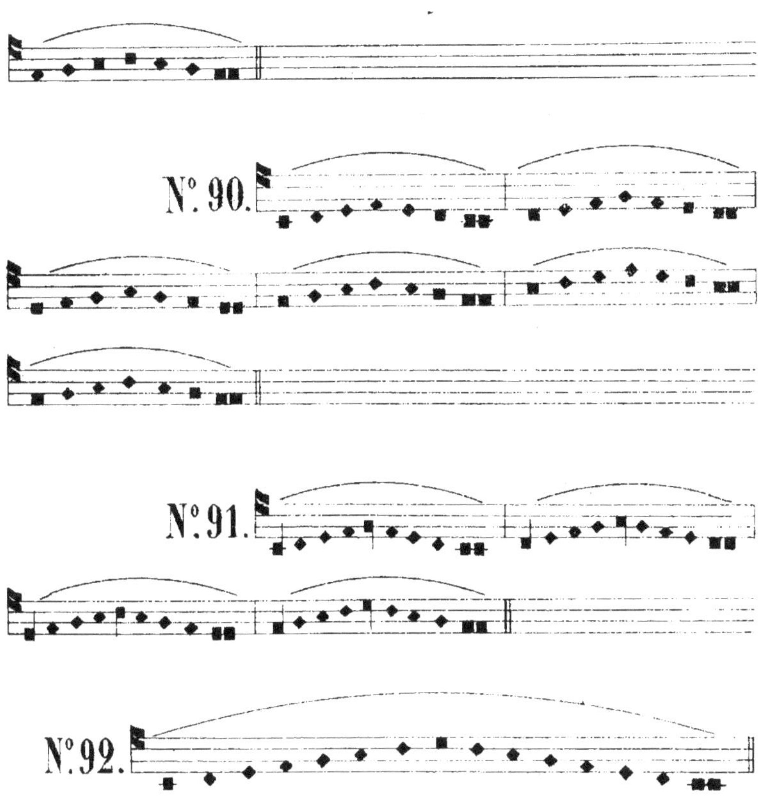

5ᵉᵐᵉ MODE.

Le cinquième mode est éclatant, vif et élevé. Il convient aux grandes joies, aux paroles qui marquent le triomphe et au dialogue. Il est aussi doux, pressant et affectueux, par le moyen du *si b* qui lui est familier.

Il doit être exécuté avec douceur, affection ou allégresse, suivant les paroles du texte, auxquelles on conformera aussi le mouvement.

Il a pour tonique et pour finale la note *fa*.

GAMME DU CINQUIEME MODE ET EXERCICES DE VOCALISATION

6ᵉᵐᵉ MODE.

Le sixième mode est affectueux, sympathique et tendre. Il exprime nos sentiments de deuil, de prière, de résignation, et convient à la généralité des sentiments modérés de l'âme.

Il doit être exécuté avec beaucouq de douceur, et dans un mouvement calme et modéré.

Il a la note *do* pour tonique et la note *fa* pour finale.

N°. 100.
N°. 101.
N°. 102.

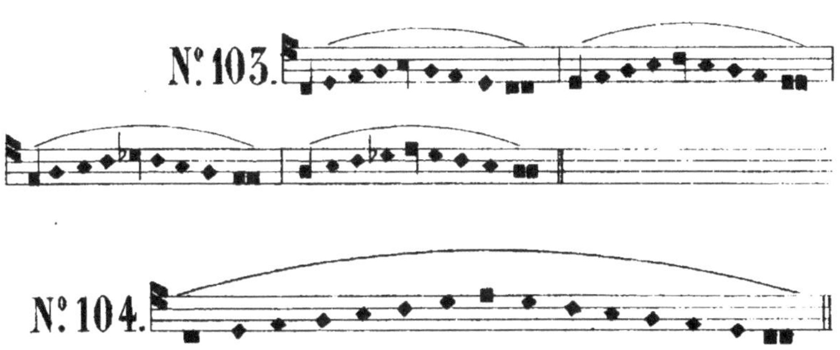

7ᵉᵐᵉ MODE.

Le septième mode est énergique, majestueux et impératif. Il convient aux grands sujets, captive l'attention et excite à la joie par sa marche hardie et saccadée.

Il doit être exécuter avec vivacité, et dans un mouvement gai et animé.

Il a pour tonique et pour finale la note *sol*.

GAMME DU SEPTIÈME MODE ET EXERCICES DE VOCALISATION.

N.º 107.
N.º 108.
N.º 109.

N°. 110. 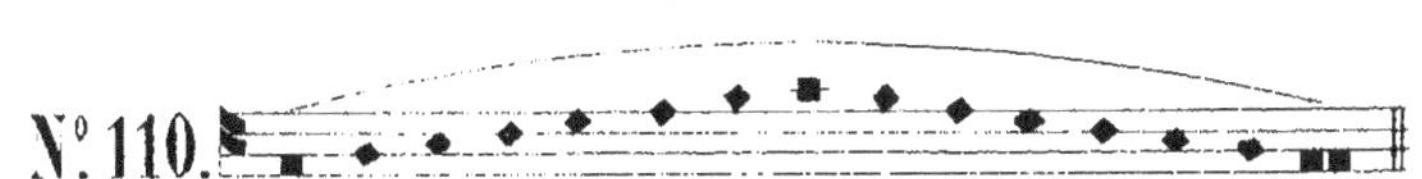

8ème. MODE.

Le huitième mode est gai, modeste, tranquille et doux ; sa marche paisible et grave à la fois l'a fait surnommer céleste et mystique.

Il convient à la généralité des sentiments, et s'appelle encore universel.

La manière de l'exécuter, soit dans l'expression, soit dans le mouvement, varie suivant les textes; cependant, il s'exécute, le plus souvent, avec douceur et dans un mouvement modéré.

Il a la note *re* pour tonique et la note *sol* pour finale.

GAMME DU HUITIÈME MODE ET EXERCICES DE VOCALISATION

N°. 111.

N°. 112.

N°. 113.

On poursuivra l'étude du chant en étudiant les différentes pièces du Graduel et de l'Antiphonaire. Pour faire cette étude avec fruit, on solfiera d'abord une pièce, puis on la vocalisera. On n'y ajoutera les mots qu'autant que la vocalisation se fera sans hésitation.

Il conviendrait d'étudier d'abord les chants communs du graduel.

111.me PARTIE

NOTATION MODERNE.

La notation moderne s'écrit sur cinq lignes horizontales et également espacées, appelées portée.

PORTÉE.

5ᵉ LIGNE...————————————————
4ᵉ LIGNE...————————————————
3ᵉ LIGNE...————————————————
2ᵉ LIGNE...————————————————
1ᵉʳᵉ LIGNE...————————————————

Au commencement de chaque portée, on met un signe, nommé *clef*, qui donne son nom à la note placée sur la même ligne.

CLEF DE SOL.

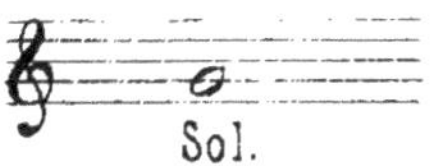

La clef de sol est seule usitée dans la notation moderne.

FORME DES NOTES.

La première s'appelle *ronde*, la deuxième *blanche pointée*, la troisième *blanche*, la quatrième *noire pointée*, la cinquième *noire*, la sixième *croche* et la septième *petite note*.

La valeur des notes se règle comme dans la notation ancienne.

Tableau comparatif des notes des deux notations.

Forme des signes de repos.

TABLEAU comparatif des signes de repos des deux notations.

Voyez la première partie pour les explications qui se rapportent au chant.

(1) La petite note a la même valeur que la croche. On la substitue à celle-ci toutes les fois qu'elle appartient à la même syllabe que la queutée précédente. On a établi cette différence pour rappeler au chantre qu'elle doit être exécutée avec beaucoup de légèreté, et sans coup de gosier.

Do. Mi. Sol. Si Re Fa.
Exercice de lecture.
N.º 1.
Noms des notes qui sont entre les lignes.
Re Fa La Do. Mi. Sol.
Exercice de lecture.
N.º 2.
N.º 3.

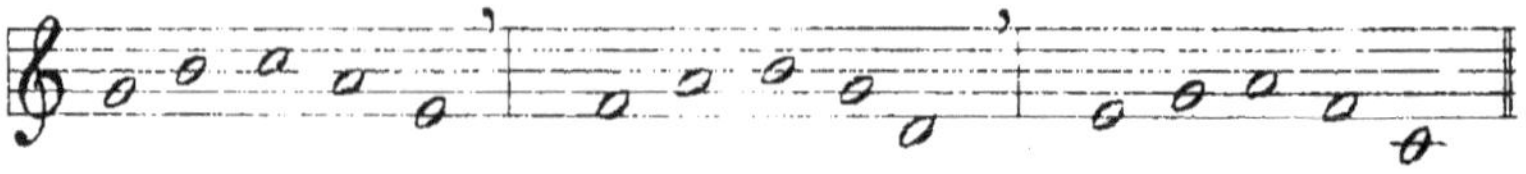

GAME

N.º 4.

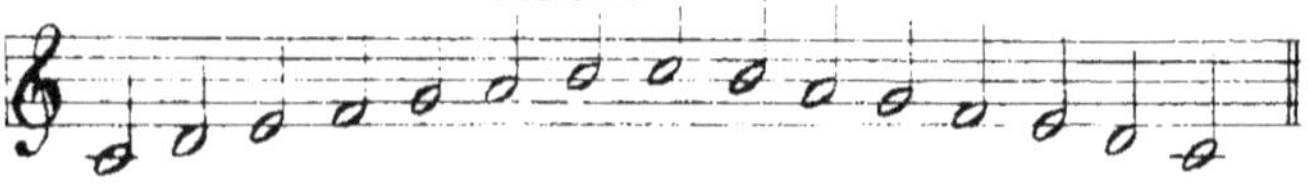

N.º 5.

N.º 6.

INTERVALLES DE SECONDE.

N.º 7.

N.º 8.

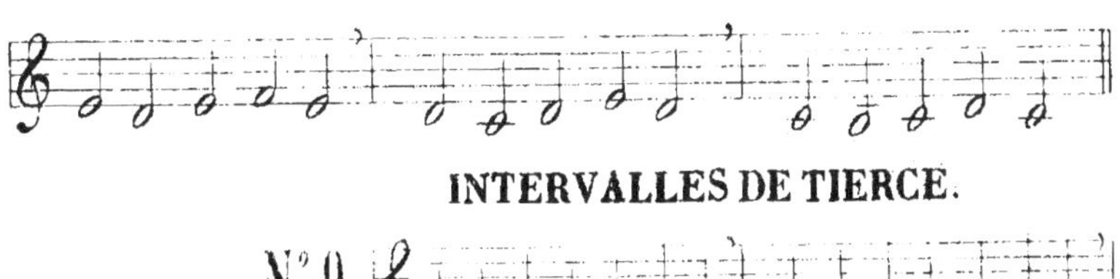

INTERVALLES DE TIERCE.

N.º 9.

N.º 10.

INTERVALLES DE QUINTE.

N.º 11.

N.° 12.
Exercices sur le bémol et sur le bécarre.
N.° 13.
N.° 14.

Intervalle de quinte.

Exercices pour les notes supérieures.

Exercices pour les notes inférieures.

Etude des différentes notes.

N.º 23.
N.º 24.
N.º 25.

N.º 26.
N.º 27.

O SALUTARIS.

AND^TE
p
O Sa lu ta ris Hos ti
U ni tri no que Do mi
O Sa lu ta ris Hos ti
U ni tri no que Do mi
a, Quæ cœ li pan dis
no, Sit sempi ter na
a, Quæ cœ li pan dis
no, Sit sempi ter na
os ti um! Bel la
Glo ri a; qui vi
os ti um! Bel la
Glo ri a, qui vi
pre munt hos ti li a,
tam si ne ter mi no
pre munt hos ti li a,
tam si ne ter mi no

Bel la pre munt hos ti li
qui vi tam si ne ter mi
Bel la pre munt hos ti li
qui vi tam si ne ter mi
a Da ro bur
no No bis do
a Da ro bur
no No bis do
fer au xi li um Da
net in pa tri a. No
fer au xi li um Da
net in pa tri a. No
ro bur fer au xi li um
bis do net in pa tri a.
ro bur fer au xi li um
bis do net in pa tri a.

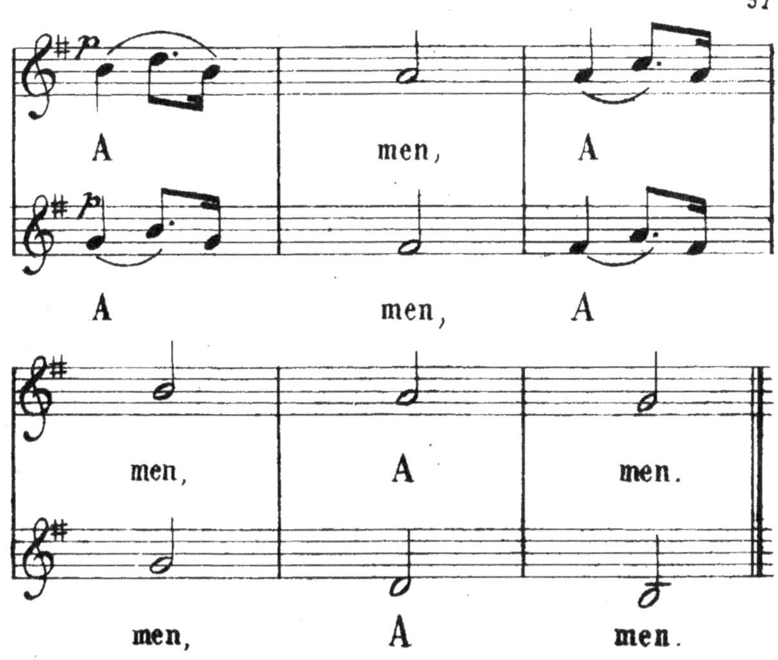
A
A
men,
men,
A
A
men,
men,
A
A
men.
men.

TANTUM ERGO.

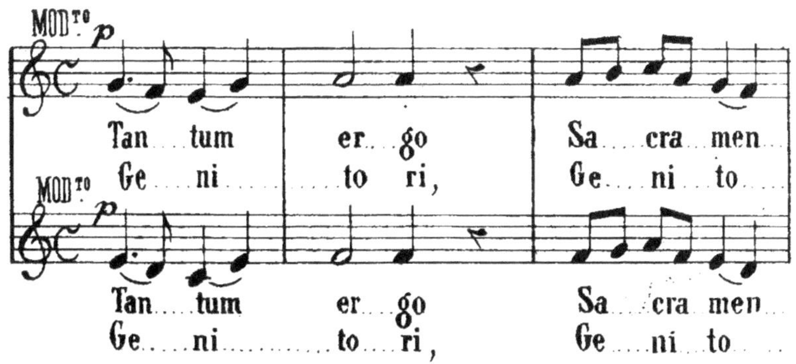
MOD.to p
MOD.to p
Tan tum
Ge ni
er go
to ri,
Sa cra men
Ge ni to
Tan tum
Ge ni
er go
to ri,
Sa cra men
Ge ni to

tum
que
Ve ne re mur
Laus et ju bi
tum
que
Ve ne re mur
Laus et ju bi
cer nu i: Et an ti quum do cu
la ti o: Sa lus, ho nor, vir tus
cer nu i: Et an ti quum do cu
la ti o: Sa lus, ho nor, vir tus
men tum No vo ce dat ri tu i:
quo que Sit et be ne dic ti o:
men tum No vo ce dat ri tu i:
quo que Sit et be ne dic ti o:
Præs tet fi des sup ple
Pro ce den ti ab u
Præs tet fi des sup ple
Pro ce den ti ab u

men tum Sen su um. de
tro que Compar sit lau
men tum Sen su um de
tro que Compar sit lau
fec tu i, Sen su um.
da ti o, Compar sit
fec tu i, Sen su um
da ti o, Compar sit
de fec tu i, Amen,
lau da ti o,
de fec tu i, Amen,
lau da ti o,
A men, A men.
A men, A men.

BONE PASTOR.

MOD.TO
p
MOD.TO
Bo ne Pas tor, pa nis
p
Bo ne Pas tor, pa nis
ve re, Bo ne Pas tor.
ve re, Bo ne Pas tor
f
pa nis ve re,
f
pa nis ve re, Bo ne Pas
f
Pa nis ve re,
tor pa nis ve re,

Pa nis
Bo ne Pas tor pa nis ve
ve re Bo ne Pas tor,
re Bo ne Pas tor,
pa nis ve re, Bon ne
pa nis ve re, Bo ne
Pas tor pa nis ve re,
Pas tor pa nis ve re,
Je su nos tri Je su
Je su

nos tri mi se re re;
nos tri mi se re re;
Un peu plus vite.
mi se re re; Tu nos pas ce,
Un peu plus vite.
mi se re re; Tu nos pas ce,
nos tu e re tu nos bo na fac vi de re
nos tu e re, tu nos bo na fac vi de re
in ter ra vi vén ti um,
in ter ra vi vén ti um,
Tu nos pas ce nos tu e re, tu nos bo na
Tu nos pas ce nos tu e re, tu nos bo na

fac vi de re in ter ra vi ven
fac vi de re in ter ra vi ven
ti um
ti um

SUB TUUM.

Mod.to p
1.o p. Sub tu um præ si di um con fu gi mus sanc
Mod.to p
2.o p. Sub tu um præ si di um con fu gi mus sanc
Mod.to p
3.o p. Sub tu um præ si di um con fu gi mus sanc

ta De i Gé ni trix.
ta De i Gé ni trix.
ta De i Gé ni trix. Sub tu
Sub tu um præ si di um con fu gi mus, sanc
Sub tu um præ si di um con fu gi mus, sanc
um præ si di um con fu gi mus, sanc
ta De i Gé ni trix. Fin.
ta De i Gé ni trix. Fin.
ta De i Gé ni trix. Fin.

SOLO.

Preghiero.
Nos tras de pre ca ti o nes ne des pi ci
as in ne ces si ta ti bus in ne ces si
ta ti bus.
SOLO.
Con expressionne.
Sed a pe ri cu lis cunc tis li be
animato
ra nos sem per, Vir go Glo ri
ò sa et bé ne dic ta et
bé ne dic ta.

www.ingramcontent.com/pod-product-compliance
Lightning Source LLC
LaVergne TN
LVHW022321170726
843503LV00006B/2639